Manfred Eichhorn

Rübengeister, Drachenflug

Herbstgeschichten

mit Bildern von Kirsten Höcker

Verlag Ernst Kaufmann

Die Deutsche Bibliothek – CIP-Einheitsaufnahme

Eichhorn, Manfred:
Rübengeister, Drachenflug: Herbstgeschichten / Manfred
Eichhorn. Mit Bildern von Kirsten Höcker. – 1. Aufl. – Lahr:
Kaufmann, 1995
(Kaufmanns kleine Kinderbücher)
ISBN 3-7806-2370-6

1. Auflage 1995
© 1995 Verlag Ernst Kaufmann, Lahr
Alle Rechte vorbehalten · Printed in Belgium
Umschlag: Kirsten Höcker
Hergestellt bei Proost N.V., Turnhout (Belgium)
ISBN 3-7806-2370-6

Inhaltsverzeichnis

Die Schwalben ziehen fort 4
Die Blätter werden bunt 6
Kartoffelfeuer 8
Apfelernte 10
Rübengeister 12
Kastanien 14
Regen 16
Drachenflug 18
Kirchweih 20
Allerheiligen 22
Martinstag 23
Nebelgeschichte 26
Windgeschichte 28
Der erste Schnee 30

Die Schwalben ziehen fort

Der Sommer ist vorbei. Nun wird es abends immer schon ein wenig früher dunkel und morgens ist es meist kühl und neblig.

Auf den Telefondrähten versammeln sich die Schwalben. Von Tag zu Tag werden es mehr. Oft fliegen sie auf, drehen eine Runde bis zum Waldrand und wieder zurück.

Am fleißigsten üben die Jungschwalben für die große Reise. Das müssen sie auch, denn es ist noch nicht lange her, als sie das Fliegen lernten. Anton sagt: »Bald ist es soweit, dann fliegen sie bis nach Afrika.«

Susanne, Paul und Anton beobachten die Schwalben nun jeden Tag. Sie möchten ihren Abflug nicht versäumen.

»Hoffentlich finden sie auch wieder zurück«, sagt Susanne.

»Das tun sie bestimmt«, antwortet Paul, ihr älterer Bruder. »Der Instinkt führt sie nämlich genau wieder zu uns zurück. Sie orientieren sich dabei an Meeresküsten, Bergrücken und Flußtälern, und am Stand der Sonne.« Das hat Paul in der Schule gelernt.

Er weiß auch, daß die Nachtvögel sich am Sternenhimmel orientieren und daß sie sich durch Rufe verständigen können.

An einem Nachmittag ist es dann soweit. Anton schaut aus dem Fenster und spürt, wie unruhig die Schwalben sind. Wild rufen sie durcheinander.

»Kommt schnell ans Fenster«, sagt Anton, »jetzt ist es soweit.«

Schnell rennen Paul und Susanne zum Fenster. Da fliegen die Schwalben auch schon hoch, fast gleichzeitig, und bald sind sie hinter dem Wald verschwunden. Eine Weile noch sieht es aus, als wären sie eine dunkle Wolke, doch dann sind sie ganz verschwunden.

»Und du meinst wirklich, daß sie wieder zu uns zurückfinden im Frühjahr?« fragt Susanne.

»Ganz bestimmt«, antwortet Paul.

Die Blätter werden bunt

Immer auffälliger wird der Farbwechsel der Bäume. Gelb, rot und braun haben sich die Blätter verfärbt. Das sieht schön aus, findet Susanne. Aber sie möchte auch wissen, warum das so ist, und fragt den Vater.

»Bevor das Laub abgeworfen wird«, sagt er, »zieht der Baum seine Säfte zurück und lagert sie in der Rinde als Reserve. Deshalb verändern die Blätter im Herbst ihre Farbe. Wenn sie rot leuchten, enthalten sie noch Zuckerreste. Sind sie braun, dann sind sie schon abgestorben.«

»So ist das also«, sagt Susanne, und dann fragt sie den Großvater das gleiche.

»Wie kommt es, daß im Herbst die Blätter bunt werden?« fragt sie.

»Das ist so«, sagt der Großvater und kratzt sich dabei am Hinterkopf. »Also, das ist so, aber das ist eine längere Geschichte.«

Dann setzt er sich hin und erzählt sie: »In einem großen Garten, es könnte der Paradiesgarten gewesen sein, standen unzählige Bäume. Sie standen da in ihrer grünen Pracht, und das schon seit Monaten. Da war unter den Bäumen eine gewisse Unzufriedenheit ausgebrochen. Tagein, tagaus das gleiche Kleid, stöhnten sie. Seit Monaten haben wir den gleichen grünen Fetzen am Leib! Manche klagten gar, daß sie die grüne Farbe nicht mehr ertragen könnten.

Wir lassen uns das nicht mehr bieten, sagten sie und beschwerten sich.

Ihre Beschwerde hatte Erfolg. Jetzt durfte sich jeder Baum die Farbe aussuchen, die ihm am besten gefiel. So wurden die einen rot, gelb die anderen, und manche entschieden sich für ein kräftiges Braun, wahlweise hell oder dunkel.

Sie freuten sich alle über die schönen Farben. Bald aber mußten sie erkennen, daß sie nicht für die Ewigkeit hielten, denn als die Herbstwinde durchs Land zogen, fiel das schöne, bunte Laub auf die Erde. Das habt ihr nun von eurer Eitelkeit, riefen die Tannen, die auf ihr grünes Nadelkleid nicht verzichten wollten. Jetzt seid ihr kahl und nackt und müßt bis zum Frühjahr warten, bis euch ein neues Kleid wächst.

Schade, dachten die Bäume, aber dann meinten sie, daß es doch schön war, so rot und gelb und braun zu leuchten.

Jetzt weißt du, warum die Bäume bunt werden«, schließt der Großvater seine Geschichte.

»So ist das also«, sagt Susanne. Und dann überlegt sie, wer von beiden wohl recht hat, der Vater oder der Großvater.

Kartoffelfeuer

Der Großvater macht Feuer. Den ganzen Nachmittag hat er schon den brennbaren Abfall im Garten gesammelt. Er hat alles auf einen Haufen geschichtet. Jetzt ruft er die Großmutter, sie soll die Kartoffeln bringen. Dann ruft er die Kinder: »Beeilt euch, das Feuer ist an!«

Schnell kommen die Kinder herbei. Paul ist der erste. Er hat einen Stock dabei, mit dem will er das Feuer schüren.

Anton hat sich eine Feder ins Haar gesteckt. Er ist der Indianerhäuptling.

Susanne muß nochmals ins Haus zurück. Sie hat ihren Pullover vergessen. Bald setzen sich alle dicht ans Feuer, weil es dort am wärmsten ist. Da muß der Indianerhäuptling husten, weil er den Rauch verschluckt hat.

Der Großvater lacht, dann erzählt er eine Gespenstergeschichte. Als er damit fertig ist, gruselt es allen, selbst dem Indianerhäuptling.

»Zeit für die Kartoffeln«, sagt er.

Die Großmutter dreht sie noch einmal um, dann sticht sie mit einem Messer in eine. »Sie ist durch«, sagt sie.

Jetzt fischt sich jeder eine Kartoffel aus der Glut.

»Hmm, ist die gut«, sagt Susanne und reibt sich den Bauch. Auch dem Indianerhäuptling schmeckt es. Er ißt bereits die zweite Kartoffel. Als jeder satt ist, bleiben noch fünf Kartoffeln übrig.

»Die sind für die Kartoffelgeister«, sagt der Großvater. »Doch schnell ins Bett jetzt, bevor die kommen!«

Apfelernte

Heut ist es noch einmal richtig schön geworden. »Ein richtiges Apfelerntewetter«, sagt der Großvater.

Die Großmutter hat schon die Obstkisten bereitgestellt, und der Großvater holt aus dem Gartenhaus den Apfelpflücker.

Jetzt stehen alle vor dem Baum mit den großen, roten Äpfeln. Nikolausäpfel nennt sie der Großvater.

Der Großvater pflückt die Äpfel vom Baum. Susanne und Paul sortieren die Äpfel in die Kisten. Anton steht daneben und ißt. Äpfel sind seine Leibspeise.

Bald hat der Großvater den ganzen Baum geleert. Jetzt kommt der nächste dran.

»Diesmal können wir die Äpfel runterschütteln«, sagt er. »Aus denen wird Most gemacht. Wer klettert hoch?«

Paul ruft: »Das mache ich!«

Und schon ist er oben. Er schüttelt, bis der letzte Apfel unten liegt. Dann schwingt er sich wie Tarzan vom Baum.

Jetzt müssen alle Äpfel aufgelesen und in einen großen Sack befördert werden.

Der Großvater hält den Sack auf. Die Kinder werfen die Äpfel hinein.

Anton hat leider nur eine Hand frei zum Klauben. In der anderen hält er den Apfel, an dem er gerade ißt.

Die Apfelernte dauert den ganzen Nachmittag, denn in Großvaters Garten gibt es eine Menge Apfelbäume.

Als es zu dämmern beginnt, sind alle Äpfel in den Kisten oder in den Säcken. Die Kisten kommen in den Keller, die Säcke wird der Großvater morgen zur Mosterei bringen.

Jetzt ruft die Großmutter: »Kommt rein. Es gibt Apfelkuchen und Kakao.«

Alle freuen sich darüber, nur Anton nicht. Er hält sich den Bauch und ist ganz grün im Gesicht.

»Du hast wohl doch zuviel Äpfel erwischt«, sagt die Großmutter und lacht. »Ich mach dir einen Pfefferminztee, der hilft.«

Dann fragt sie: »Aber was machen wir nur mit dem ganzen Kuchen?«

»Der wird später noch gegessen«, sagt Anton.

Doch jetzt rennt er erst einmal aufs Klo.

Rübengeister

Es ist stockfinstere Nacht. Der Nebel ist unheimlich. Man sieht kaum die Hand vor den Augen. Und doch sind da Lichter, die durch den Nebel und durch die Dunkelheit dringen.

Jetzt kommen sie näher. Geräusche auch. Sie klingen unheimlich, gespenstisch. Sind es die Rübengeister? Sie murmeln geheimnisvolle Sprüche:

>»Der Ri, der Ra-, der Rübengeist,
>der geistert in der Nacht zumeist.
>Drum gib gut acht
>allein bei Nacht
>und geh nicht auf die Straße!
>Sonst packt er dich
>und zwackt er dich
>und beißt dich in die Nase.«

Das wiederholen sie immer wieder. Wen schaudert es da nicht! Wer würde da nicht gleich ins Haus gehen und sich unter der Bettdecke verstecken, oder sich nahe bei den Großen aufhalten?

Doch wer neugierig ist, schaut aus dem Fenster. Deutlich, ganz deutlich sieht man sie jetzt: Zwei feurige Augen, ein grinsender feuriger Mund, und aus dem Kopf raucht es. Ein Geist. Und noch ein Geist.

Auch der mit feurigem Mund und feurigen Augen und einem rauchenden Kopf. Weiße Mäntel tragen sie, oder sind es Bettlaken? Vielleicht von den Kindern gar, die sie zu Tode erschreckt haben?

Jetzt murmeln sie wieder:
»Der Ri, der Ra-, der Rübengeist,
der geistert in der Nacht zumeist.
Drum gib gut acht
allein bei Nacht
und geh nicht auf die Straße!
Sonst packt er dich
und zwackt er dich
und beißt dich in die Nase.«

Das klingt unheimlich. Doch da ertönt eine andere Stimme. Es ist die Mutter. Sie ruft: »Paul, Anton! Kommt nach Hause. Es ist Zeit ins Bett!«

Sie muß ein paarmal rufen. Doch Anton und Paul kommen nicht. Dafür erscheinen die beiden Rübengeister mit den feurigen Augen und dem rauchenden Kopf.

»Marsch ins Bett mit euch, ihr Rübengeister«, ruft ihnen die Mutter zu.

»Nur noch eine Viertelstunde«, betteln die Rübengeister.

Doch die Mutter sagt: »Schluß jetzt, die Geisterstunde ist um.«

Da erlöschen die feurigen Augen und der feurige grinsende Mund. Nur der Kopf raucht noch ein Weilchen.

Dann hat es ausgespukt. Anton und Paul sind wieder da. Und die Rübengeister schlafen jetzt auch, denn die Geisterstunde ist um.

Kastanien

Auf dem Schulweg steht ein riesiger Kastanienbaum. Anton, Paul und Susanne gehen jeden Morgen und jeden Mittag an ihm vorbei. Jetzt sind die Kastanien schon so reif, daß sie von selber herunterfallen.

»Schaut her!« ruft Anton. »Hier liegen welche!« Susanne und Paul sammeln sie auf. Jeder hat eine Hand voll.

»Viel ist das nicht«, bemerkt Anton. »Es ist wohl besser, wenn ich hochklettere.«

»Dann mußt du dich aber beeilen«, sagt Susanne. »In einer Viertelstunde fängt die Schule an.«

»Klar wie Kloßbrühe«, sagt Anton und ist schon unterwegs. Paul hilft ihm dabei. Er läßt ihn über seine Schultern nach oben klettern.

»Jetzt schüttle!« ruft Susanne.

Anton schüttelt, aber es rührt sich nichts.

»Du mußt höher rauf«, meint Paul.

»Klar wie Kloßbrühe«, sagt Anton und klettert immer höher. Jetzt schüttelt er wieder und diesmal prasseln die Kastanien herunter. Es sind so viele, daß die beiden mit dem Aufsammeln nicht mehr nachkommen.

»Genug«, entscheidet Paul.

»Ja, genug«, stimmt ihm Susanne zu.

Da schlägt es acht Uhr. »Verdammt!« flucht Paul. »Jetzt nichts wie weg. Die Schule fängt an.«

Oben im Geäst sitzt Anton.

»Beeil dich gefälligst!« ruft Paul hoch.

Doch der rührt sich nicht und sagt kein Wort.

»Was ist los?« fragt Paul.

»Ich trau mich nicht mehr runter«, gesteht Anton ängstlich. Paul versucht ihn zu dirigieren.

»Tritt auf den Ast unter dir«, sagt er. Doch Anton traut sich nicht, auch nur einen Schritt zu tun.

»Wir müssen die Feuerwehr rufen«, meint Susanne.

Doch da kommt gerade Herr Jakob vorbei.

Er hat eine Leiter bei sich, denn er ist unterwegs zu seinem Schrebergarten, Äpfel pflücken.

»Bitte helfen Sie dem Anton«, bittet ihn Susanne.

Herr Jakob lehnt die Leiter an den Kastanienbaum, da kann der Anton bequem heruntersteigen.

»Vielen Dank auch«, sagt er, ziemlich kleinlaut.

»Ja, vielen Dank!« rufen Susanne und Paul.

»Schon gut,«, lacht Herr Jakob und geht weiter.

Ganz schnell rennen die drei jetzt in die Schule.

Regen

Regen, Regen, Regen. Die ganze Nacht schon und jetzt auch den ganzen Tag. Der Himmel ist grau und auf der Straße stehen große Pfützen. Bei so einem Wetter muß man zu Hause bleiben.

Das ist nicht schlimm, denkt Susanne. Schließlich haben wir jede Menge zum Basteln.

Zuerst holen Susanne, Paul und Anton die Kastanien hervor.

»Ich mach mir eine Pfeife«, sagt Paul.

»Und ich bastle Tiere für meinen Zoo«, sagt Susanne.

Anton bastelt sich ebenfalls eine Pfeife. Später hilft er Susanne bei den Tieren.

Nach einer Stunde stöhnt er:

»Ich glaube, jetzt ist der Zoo groß genug.«

Paul hat inzwischen schon drei Pfeifen fertig. Alle sind ihm gut gelungen, sie sehen ganz echt aus. Nur rauchen kann man damit nicht.

Susanne gibt alle Tiere in einen Karton. Sie stehen gut auf ihren Streichholzbeinen.

»Jetzt müßte man sich etwas zum Essen basteln«, sagt Anton, denn er hat mächtigen Hunger gekriegt. Zum Glück hat die Mutter Apfelküchle gebacken. Es gibt Kakao dazu.

Anton nimmt sich gleich drei Apfelküchle auf einmal.

»Ja, beim Essen ist er der fleißigste«, sagt Susanne.

Es dauert lange, bis Anton ihr antworten kann, denn Mutter mag es nicht, wenn er mit vollem Munde spricht.

Drachenflug

Endlich kommt der Vater nach Hause. Er hat Holzleisten und feuerrotes Drachenpapier mitgebracht. Auch an die Drachenschnur hat er gedacht. Jetzt können sie einen Drachen basteln.

Der Vater erklärt genau, wie man das macht.

»Bring den Klebstoff«, sagt er zu Susanne. »Und du, Anton, schneidest das Papier zurecht. Paul und ich bauen inzwischen das Gerüst.«

Als das Papier zurechtgeschnitten und die Holzleisten als Gerüst zusammengesteckt sind, darf Susanne das Drachenpapier festkleben. Zuletzt zaubern alle aus den Papierresten einen Drachenschwanz.

»Dann zieht mal los, solange es noch hell ist«, rät der Vater.

»Wir gehen auf den Hügel, da stören keine Hochspannungsleitungen«, schlägt Paul vor.

Schon rennen sie los. Paul trägt den Drachen, Anton die Spule mit der Drachenschnur, Susanne den Drachenschwanz. Auf dem Hügel bleiben sie stehen.

»Der Wind steht günstig«, sagt Anton fachmännisch und hält dabei einen Finger in die Luft.

»Start klar?« fragt Paul.

»Start klar!« antwortet ihm Anton.

»Ich möchte ihn aber auch steigen lassen«, beschwert sich Susanne.

»Schau erst einmal zu, wie man's macht«, sagt Paul.

Dann rennen sie los. Jetzt hebt der Drachen ab.

Anton gibt noch etwas Drachenschnur zu, damit er steigen kann.

»Gib ihm noch mehr Leine«, ruft Paul.

»Okay!« brüllt Anton zurück. Der Drachen steigt und steigt. Er wird immer kleiner.

»Jetzt steht er gut«, bemerkt Paul. Doch plötzlich dreht der Wind, und der Drachen droht abzustürzen.

»Spul die Leine!« ruft Paul, während er versucht, den Drachen wieder in Griff zu bekommen.

»Jetzt hat er sich wieder beruhigt«, stellt Paul fest. »Du kannst ihm wieder Leine geben.«

Anton gibt ihm Leine und der Drachen steigt wieder höher. Er steigt und steigt.

Plötzlich ruft Anton: »Die Leine, die Leine!!«

Er hat nur noch die leere Spule in der Hand. Der Drachen aber steht oben am Himmel. Er tanzt hin und her, als freue er sich darüber. Nach einer Weile steigt er noch höher und fliegt Richtung Wald.

»Den haben wir gesehen«, sagt Paul enttäuscht.

»Los! Hinterher! Den kriegen wir!« schreit Anton und rennt los. Susanne folgt ihm.

Kurz vor dem Wald verliert der Drachen an Höhe. Jetzt fällt er immer schneller. Schon hat Susanne die Leine geschnappt. Doch so schnell läßt sich die Drachenschnur nicht aufspulen.

»Vorsicht Bauchlandung!« ruft Paul.

Der Drachen stürzt in den Acker. Anton untersucht ihn.

»Kein Loch im Papier und nichts gebrochen«, stellt er fest.

»Bauchlandung geglückt«, ruft Susanne.

Kirchweih

Am letzten Wochenende im Oktober, wenn die Kastanien-
blätter schon gelb sind und die reifen Kastanien auf die Erde
prasseln, kommen viele bunte Wagen auf den Marktplatz
gefahren.

Unter den Kastanien stellen sie ihre Buden auf.

In der Mitte des Platzes bauen sie das große Kettenkarussell auf.

Jedermann weiß jetzt: Es ist Kirchweih.

Die Großmutter erzählt, wie es früher war.

Sie sagt, früher wären die Leute aus all den kleinen Dör-
fern ringsum in die Stadt gekommen und hätten sich am
Kirchweihtag für den Winter eingedeckt: noch ein Paar
warme Strümpfe gekauft, eine Weste oder Handschuhe.
Auch Töpfe oder anderes Kochgeschirr. Was einer eben
brauchte. Für die Leute vom Lande war es oft die einzige
Möglichkeit zum Einkauf, für den Winter.

Heute werden an den Ständen hauptsächlich Süßigkeiten
verkauft: Zuckerwatte, Magenbrot und gebrannte Mandeln.
Auch Lebkuchenherzen und Pfefferminztaler.

Paul hält sich am liebsten an der Schießbude auf. Er
würde gerne den Teddybären schießen, aber dafür müßte
er fünfzehnmal treffen. Soviel Geld hat er nicht. Außerdem
will er noch Karussell fahren.

Großmutter sagt: »Das Kettenkarussell sieht aus wie in
meiner Jugendzeit.«

»Es ist schöner als die blöden Boxautos«, findet Susanne.

Da ist Anton anderer Meinung.

Jetzt will die Großmutter aber erst in die Besenwirtschaft.
Dort gibt es süßen Most und Zwiebelkuchen.

»Ihr könnt ja so lange Karussell fahren«, meint sie.

Paul löst für jeden eine Fünferkarte.

Dann steigen sie ein und das Karussell setzt sich in Bewegung.

Susanne ist aufgeregt. Ein klein wenig hat sie auch Angst.
Doch bei der zweiten, dritten und vierten Fahrt ist die Angst
wie weggeblasen.

Während der fünften Fahrt kommt die Großmutter und
schaut zu. Susanne winkt ihr. Sie ist jetzt richtig übermütig.
Sie hält Antons Hand, damit sie noch weiter hinausgetrieben wird.

»Lose! Kaufen Sie Lose!! Jedes zweite Los gewinnt!« ruft der
Losverkäufer.

Die Großmutter kauft zehn Lose, aber keines gewinnt.

»So ein Betrug«, sagt die Großmutter.

Es wird dunkel. Am Kettenkarussell gehen die Lichter an.

»Noch eine letzte Fahrt«, bitten die Kinder.

Die Großmutter willigt ein.

Die letzte Fahrt ist die schönste, denn es gibt nichts Schöneres, als durch den Nachthimmel zu fliegen.

Danach treten sie gemeinsam den Heimweg an, und
hören noch lange die Musik vom Festplatz.

Allerheiligen

Es regnet, und es ist kalt. Der ganze Himmel ist grau. Susanne, Paul und Anton fahren mit der Mutter in die Stadt. Sie haben ihre Sonntagssachen an. Zuerst fahren sie mit dem Bus und später noch ein Stück mit der Straßenbahn. Beim Friedhof steigen sie aus.

Wie viele Leute unterwegs sind! Vor dem großen Eingang stehen Blumenhändler und bieten Gestecke an. Auch Kreuze aus Moos und kleine Kränze. Die Mutter kauft ein Blumengesteck. Es ist ziemlich teuer.

Der Friedhof ist groß. Sie müssen weit gehen. Auf fast allen Gräbern brennen Lichter. Das sieht feierlich aus. Ein paarmal bleibt die Mutter stehen und liest laut die Namen auf den Grabsteinen. Manchmal sagt sie: »Den habe ich noch gekannt.«

Dann sind sie am Grab der Großeltern angelangt. Es sind die Eltern der Mutter. Paul, Anton und Susanne haben sie nicht mehr gekannt. Sie sind früh gestorben. Die Mutter erzählt oft von ihnen.

Gemeinsam säubern sie das Grab und kehren die abgefallenen Blätter zusammen. Dann stellt die Mutter das Blumengesteck auf das Grab und spricht ein Gebet. Paul und Anton streiten sich, wer das Licht anzünden darf.

»Warum gibt es Allerheiligen?« fragt Susanne.

»Damit die Toten nicht vergessen werden«, sagt die Mutter. »Und damit ihr auch ab und zu an die Großeltern denkt«, meint sie und lächelt dabei.

Martinstag

In der Schule hat die Lehrerin die Geschichte vom heiligen Martin erzählt:

»An einem kalten Winterabend vor vielen hundert Jahren ritt Martin auf die Stadt Amiens zu. Es schneite, und ein eisiger Wind pfiff ihm um die Ohren. Als er gerade durchs Stadttor reiten wollte, sah er an der Mauer einen Armen, der nur mit ein paar Lumpenfetzen bekleidet war. Man konnte es ihm ansehen, wie er fror. Ohne zu überlegen, zog Martin sein Schwert, schnitt damit seinen Umhang entzwei und gab dem Armen die eine Hälfte.«

Nachdem die Lehrerin die Geschichte zu Ende erzählt hat, fragt sie: »Was können wir aus der Geschichte lernen?«

Anton antwortet: »Daß es gut ist, wenn man mit jemandem teilt.«

»Aber dann friert man auch mehr«, sagt der dicke Karl.

»Das glaube ich nicht«, antwortet die Lehrerin. »Wer teilen kann, dem wird vielleicht warm von innen.«

Danach basteln die Kinder Lampions für den Martinszug am Abend.

Susanne hat auch einen Lampion gebastelt, aber der ist ziemlich windschief geraten. Nach der Schule vergleicht sie ihn mit Antons Lampion. Der ist viel schöner. Mit grünen Drachen und roten Flammen.

»Bei Nacht ist jeder Lampion gleich schön«, tröstet die Mutter. »Hauptsache ist doch, daß er leuchtet.“

Paul ist stolz, daß er am Abend eine Fackel tragen darf. Er wird vor dem heiligen Martin gehen und ihm den Weg leuchten.

Susanne, Paul und Anton können es kaum erwarten, bis es endlich Abend wird.

Endlich ist es soweit. Als es ganz dunkel ist, versammeln sich die Kinder auf dem Marktplatz zum Martinszug. Auch eine Musikkapelle ist dabei und ein Pferd, auf dem der heilige Martin sitzt.

Pauls Fackel wird angezündet. Das Pferd scheut ein wenig. Aber Paul hat keine Angst. Er führt mit drei weiteren Fackelträgern den Zug an.

Nun werden auch die Kerzen in den Lampions angezündet.

Da fängt Susannes Lampion Feuer und verbrennt in Sekundenschnelle.

Susanne weint. Sie hat jetzt keinen Lampion mehr.

Da gibt ihr Anton seinen und meint, sie dürfe ihn ruhig eine Weile tragen.

Da freut sich Susanne. Und Anton freut sich auch, denn es ist gut, wenn man am Martinstag mit einem anderen etwas teilen kann.

Nebelgeschichte

Als Susanne, Paul und Anton am Nachmittag aus der Schule kommen, ist der Nebel so dicht, daß man kaum zehn Meter weit sehen kann.

Am Fluß ist er am dichtesten. Die Bäume am anderen Ufer sehen aus wie Nebelgeister.

»Aber es sind Bäume«, sagt Susanne.

»Bist du sicher?« fragt Paul.

Susanne nickt. Aber so ganz sicher ist sie sich nicht.

»Vielleicht sind es wirklich Nebelgeister«, flüstert sie.

»Vielleicht«, flüstert Anton geheimnisvoll. »Aber das können wir ja nachprüfen.«

»Ja, da vorne ist schon die Brücke«, sagt Paul.

Schnell laufen Anton und Paul zur Brücke und über die Brücke zum anderen Ufer. Sie laufen so schnell, daß Susanne ihnen nicht nachkommt. Nun hat sie die beiden aus den Augen verloren.

»Paul, Anton, wo seid ihr?« ruft sie.

Aber es rührt sich nichts.

Susanne bleibt stehen und schaut um sich. Alles sieht ein wenig unheimlich aus. Aber sie hat keine Angst. Es gefällt ihr, im Nebel zu gehen. Nach der Brücke führt der Weg ein Stück durch den Wald. Bestimmt wollen Paul und Anton mich erschrecken, denkt Susanne.

Jetzt hört sie ein Geräusch. Ein dürrer Zweig knackt, so als wäre jemand auf ihn getreten. Es raschelt und knistert. Dann ist es wieder still.

Susanne versteckt sich hinter einem Baum und schaut auf den Weg. Und was sieht sie da?

Die Brüder schleichen herum und kichern dabei.

Denen werd ich das Kichern austreiben, denkt Susanne. Sie formt ihren Mund zu einer Schnute und gibt ganz schreckliche Laute von sich.

So etwa: Uuuuuuuaaaaaahhhhhh.

Die Brüder hören es und laufen schnell weg.

Da springt Susanne aus ihrem Versteck und ruft: »Hier sind die Nebelgeister! Hier sind die Nebelgeister!«

Da schauen die beiden aber! Sie bleiben stehen und fangen an zu lachen.

Windgeschichte

Wer rüttelt mitten in der Nacht am Fenster?

Susanne ist aufgewacht. Sie sitzt im Bett und lauscht in die Nacht.

Ganz fürchterlich rüttelt es!

Susanne bekommt Angst. Schnell versteckt sie sich unter der Bettdecke. Aber auch dort hört sie das Rütteln an den Fensterläden. Und geht da nicht jemand durch das dürre Laub im Garten? Es hört sich so an.

Susanne kann jetzt nicht mehr schlafen. Am besten geht sie gleich zu den Brüdern ins Zimmer, bevor sie noch mehr Angst bekommt.

Doch die schlafen und rühren sich nicht.

Dann eben nicht, denkt Susanne und geht wieder zurück in ihr Bett.

Es klappert noch immer am Fenster, und es geht noch immer jemand durchs dürre Laub. Doch Susanne ist jetzt zu müde, um sich noch länger darüber Sorgen zu machen. Sie steckt den Kopf unters Kissen und schläft gleich ein.

Am nächsten Morgen hat Susanne keine Angst mehr, obwohl die Geräusche am Fenster und aus dem Garten noch immer da sind.

Sie weiß jetzt nämlich, daß das alles der Wind gemacht hat. Sie schaut aus dem Fenster. Es gefällt ihr, dem tollen Treiben zuzuschauen. Wie der Wind die Blätter von den Bäumen reißt, wie er sie durch die Straßen und durch den Garten wirbelt. Und wie er heult dabei.

Ganz wild jagt die Katze hinter dem Laub her. Sie denkt wohl, das alles wären Mäuse.

Auch am Nachmittag bläst der Wind immer noch heftig. Susanne schaut mit dem Großvater aus dem Fenster.

»Warum bläst der Wind so stark?« fragt sie.

Der Großvater sagt: »Es gibt einen alten Spruch, der geht so:

> Der Herbstwind fegt den Sommer aus
> in jedem Garten, jedem Haus.
> Mit Laub deckt er die Erde zu,
> damit im Winter sie hat Ruh.«

Der erste Schnee

Es ist schon Mitte November. Die Apfelbäume im Garten und die Birken haben kaum noch Blätter.

Auch der Kastanienbaum auf dem Schulweg ist fast kahl.

Es regnet nicht mehr, und auch der Wind tobt nicht mehr so stürmisch. Dafür ist es kälter geworden.

Am Morgen liegt draußen der erste Rauhreif. Der Garten sieht ganz verzaubert aus.

Susanne zieht ihren warmen Pullover an und darüber noch den Anorak. Anton und Paul setzen sich die dicken Mützen auf, die mit den Fellohren. So gehen sie hinaus.

Der Großvater deckt im Garten alle Beete zu und verstaut die Gartengeräte in der Hütte. »Jetzt lassen wir den Garten bis zum Frühling schlafen«, sagt er.

Während alle beim Mittagessen sitzen, fallen die ersten Schneeflocken.

Da halten es Anton, Paul und Susanne nicht länger am Tisch aus und rennen zum Fenster. Schon glänzen die Bäume weiß und auch die Hausdächer, die Gartenbeete und der Rasen.

»Jetzt können wir gleich Schlitten fahren«, jubelt Susanne.

»Und dann ist auch bald Weihnachten«, fällt Paul ein.

Der Großvater lacht.

»Schaut nur«, sagt er, »es hat schon wieder aufgehört zu schneien! Aber bis Weihnachten ist es wirklich nicht mehr lange.«